LA MIRADA DEL LOBO

LA MIRADA DEL LOBO

DANIEL PENNAC

Ilustraciones de Ivar Da Coll

Traducción de
Natalia Martínez
Bernardo Rengifo

Barcelona, Bogotá, Buenos Aires, Caracas,
Guatemala, Lima, México, Miami, Panamá, Quito, San José,
San Juan, San Salvador, Santiago de Chile.

Título de la edición original: L'OEIL DU LOUP,
colección ARC EN POCHE publicado por
Les Editions Nathan, Paris

Primera Reimpresión
Impreso en Colombia - Printed in Colombia
Impreso por: Impresión Digital - Cargraphics
Septiembre de 1998

Dirección editorial, María Candelaria Posada
Dirección de arte, Julio Vanoy
Diagramación y armada, Ana Inés Rojas

ISBN: 958-04-4145-6

ÍNDICE

1	El encuentro	7
2	El ojo del lobo	17
3	El ojo del hombre	47
4	El otro mundo	85

1

EL ENCUENTRO

I

Parado frente a la jaula del lobo, el muchacho no se mueve. El lobo va y viene. Camina a lo largo y ancho y nunca se detiene.

"Aquél me impacienta..."

Eso es lo que piensa el lobo. Hace ya dos horas que aquel muchacho está allí, parado en frente de aquella reja, inmóvil como un árbol congelado, mirando caminar al lobo.

"¿Qué es lo que quiere?"

Es la pregunta que se hace el lobo. Ese muchacho lo intriga, pero no lo inquieta (el lobo no le teme a nada), simplemente lo intriga.

"¿Qué será lo que desea?"

Los demás niños corren, saltan, gritan, lloran, le sacan la lengua al lobo y esconden sus cabezas entre las faldas de sus madres. Luego hacen monerías delante de la jaula del gorila y rugen en la cara del león, cuya cola se sacude en el aire.

Aquel niño no, él permanece de pie, inmóvil, silencioso. Sólo sus ojos se mueven, siguen el ir y venir del lobo a lo largo de la jaula.

"¿Será que este niño nunca había visto un lobo, o qué ?", se pregunta el animal.

El lobo sólo puede ver al niño una vez en su recorrido dentro de las rejas. Es que el lobo sólo tiene un ojo. Perdió el otro en su batalla contra los hombres hace diez años, el día de su captura. Entonces, de ida (si a eso se le puede llamar ir), el lobo ve el zoológico entero, sus jaulas, los niños como locos y, en medio de todo, aquel muchacho, completamente inmóvil. De vuelta (si a eso se le puede llamar volver), lo que el lobo ve es el interior de su jaula, su jaula vacía, pues la loba murió la semana pasada. Su jaula triste, con su única roca gris y su árbol muerto.

Luego, el lobo da media vuelta y allí está de nuevo aquel niño, con su respiración constante, que produce vapor blanco en el aire frío.

"Él se cansará antes que yo", piensa el lobo mientras camina.

Y añade:

"Yo soy más paciente que él".

Y agrega además:

"Yo soy el lobo".

II

En la mañana siguiente, al despertar, lo primero que ve el lobo es a aquel niño, de nuevo parado en frente de su jaula, allí, exactamente en el mismo lugar. El lobo casi se asusta.

"¡Él no pudo haber pasado la noche aquí, de ninguna manera!"

El lobo se controla y vuelve a su ir y venir como si nada pasara. Hace una hora que está caminando. Una hora en que el niño lo sigue con la mirada. El pelaje azul del lobo roza la reja. Sus músculos se mueven bajo su abrigo de invierno. El lobo azul camina como si nunca debiera detenerse. Como si estuviera de regreso a donde pertenece, a Alaska. "Lobo de Alaska", es lo que dice en la pequeña placa de hierro, sobre la reja. Y hay un mapa del Polo Norte, con una región pintada de rojo, para que se destaque. "Lobo de Alaska, Barren Lands...".

Sus patas no hacen ningún ruido al posarse en el suelo. Va de un extremo al otro de la jaula, como el péndulo silencioso de un gran reloj. Y los ojos del niño hacen un movimiento muy lento, como si siguieran un partido de tenis en cámara lenta.

"¿Tanto así le intereso?"

El lobo frunce el ceño. Pequeñas olas de pelos erizados van a morir al borde de su hocico. Él está molesto por tener que hacerse tantas preguntas acerca de aquel muchacho. Había jurado no interesarse nunca más en los hombres. Había resistido durante diez años: Ni un pensamiento sobre los hombres, ni una mirada, nada. Ni para los niños que hacen monerías en frente de su jaula, ni para el empleado que le lanza la carne desde lejos, ni para los artistas que vienen el domingo a dibujarlo, ni para las mamás estúpidas que lo muestran a sus pequeños diciendo: "Ése es el lobo, si no te portas bien, te las verás con él".

Nada de nada.

"¡El mejor de los hombres no vale nada!"

Eso era lo que decía siempre Llama Negra, la madre del lobo. Hasta la semana pasada el lobo se detenía a veces. La loba y él se sentaban en frente de los visitantes. ¡Y era exactamente como si no los vieran! El lobo y la loba miraban derecho al frente de ellos. Su mirada pasaba a través de la gente, y la gente quedaba con la impresión de no existir, algo muy desagradable.

"¿Qué es lo que pueden estar mirando así?"

"¿Qué es lo que ven?"

Y luego la loba murió (ella era gris y blanca, como una perdiz de las nieves). Desde entonces, el lobo no se detiene; camina de la mañana a la noche, y su carne se congela sobre el suelo, a su lado. Afuera, derecho como una letra i (una i cuyo punto sería el vapor blanco), el niño lo observa.

"Peor para él", concluye el lobo.

Y deja de pensar en el niño por completo.

III

Sin embargo, al día siguiente el niño está de nuevo allí. Y el día que sigue, y los días siguientes. A tal punto que el lobo se ve obligado a volver a pensar en él.

"¿Pero quién es?

¿Qué es lo que quiere?

¿No hace nada en todo el día?

¿No trabaja?

¿No va a la escuela?

¿No tiene amigos?

¿No tiene papás?

¿O qué?"

Un montón de preguntas que hacen disminuir su marcha. Él siente sus patas pesadas; todavía no está fatigado, pero podría suceder.

"¡Increíble!", piensa el lobo.

En fin, mañana cierran el zoológico. Es el día del mes consagrado al cuidado de los animales y al mantenimiento de las jaulas. Ese día no hay visitantes.

"Me desharé de él".

Pero no; al día siguiente, como los demás días, el muchacho está allí. Más que nunca, completamente solo en frente de la jaula, en el zoológico completamente desierto.

"¡Oh, no!...", gime el lobo.

¡Y sí!

Ahora el lobo se siente muy cansado, como si la mirada del niño pesara una tonelada.

"¡De acuerdo! —piensa el lobo—. ¡De acuerdo! ¡Tú lo has querido!"

Y, bruscamente, deja de caminar. Se sienta bien erguido, justo en frente del muchacho y también se dedica a mirarlo. Pero no con esa mirada que sigue derecho, no, sino con la verdadera mirada, ¡con la mirada *fija*!

Bueno, ahora están cara a cara.

Y así permanecen.

Ni un visitante más en el zoológico. Los veterinarios aún no llegan, los leones no han salido de su guarida, los pájaros duermen entre su plumaje. Día de descanso para todo el mundo. Incluso los micos han renunciado a hacer monerías y cuelgan de los árboles como murciélagos dormidos.

No hay nadie más que aquel niño. Y aquel lobo de pelaje azul.

—¿Quieres observarme? ¡De acuerdo! ¡Yo también te voy a observar! Vas a ver...

Pero hay algo que molesta al lobo, un detalle muy pequeño: él solo tiene un ojo y el niño tiene dos. De repente, el lobo no sabe en cuál ojo del niño fijar su mirada. Él duda, y su único ojo salta de izquierda a derecha, de derecha a izquierda. Los ojos del muchacho no se mueven. Ni siquiera un parpadeo. El lobo está terriblemente incómodo. Pero por nada del mundo voltearía la cabeza, ni pensaría en ponerse a caminar.

Como resultado, su ojo se perturba cada vez más. Y pronto, a través de la cicatriz de su ojo muerto, aparece una lágrima. No es tristeza, es impotencia y cólera.

Entonces el niño hace algo extraño, que calma al lobo, que lo hace sentir en confianza. El muchacho cierra un ojo. Ahora se observan ojo a ojo, en el zoológico desierto y silencioso, con todo el tiempo por delante de ellos.

2

EL OJO DEL LOBO

I

Un ojo amarillo, muy redondo, con una pupila negra. Un ojo que no parpadea. Es como si el muchacho mirara una luz brillante en medio de la noche. Él no ve nada más que aquel ojo: los árboles, el zoológico, la jaula, todo ha desaparecido. Sólo queda una cosa: *el ojo del lobo*.

Y el ojo se hace cada vez más grande, más redondo, como una luna rojiza en un cielo vacío, con una pupila cada vez más negra en el centro, y con pequeñas manchas de diferentes colores que aparecen en el amarillo oscuro del iris: aquí una mancha azul (como el agua congelada bajo el cielo), allá un destello dorado, brillante como una lentejuela.

Pero lo más sorprendente es la pupila, ¡la pupila negra!

—¡Tú quisiste mirarme...! ¡Entonces, mírame!

Eso es lo que parece decir la pupila, que brilla con un resplandor terrible, como una llama.

"Eso es —piensa el niño— *¡una llama negra!"*

Y entonces responde: —De acuerdo, Llama Negra, te miro, no tengo miedo.

A pesar de que la pupila se hace más grande, invade todo el ojo y arde como un verdadero incendio, el muchacho no desvía su mirada. Y es cuando todo se ha vuelto negro, absolutamente negro, que él descubre aquello que nadie había visto jamás antes que él en el ojo del lobo: *la pupila está viva*. Aparece allí una loba negra, acostada en medio de sus cachorros, y que mira al muchacho mientras gruñe. Ella no se mueve, pero bajo su pelaje brillante se la siente tensa como una tempestad a punto de caer. Sus mandíbulas están contraídas bajo unos colmillos impresionantes. Las extremidades de sus patas tiemblan. Ella está a punto de saltar. Para un muchacho de ese tamaño, bastaría con una dentellada...

—¿Es cierto que no tienes miedo?

Es cierto. El muchacho permanece allí, sin bajar los ojos mientras el tiempo pasa. Entonces, muy lentamente, los músculos de Llama Negra se relajan. Ella termina por murmurar entre sus colmillos:

—Bueno, de acuerdo, si tú insistes, mira todo lo que quieras, pero no me molestes mientras les doy la lección a los pequeños.

Y sin prestar más atención al muchacho, ella mira a sus siete lobeznos peludos que están acostados a su alrededor, como formando una aureola rojiza.

"El iris —piensa el niño—, el iris alrededor de la pupila...".

Sí, cinco lobeznos son exactamente del mismo color rojizo que el iris. El pelaje del sexto es azul, azul como el agua congelada bajo un cielo puro. ¡Lobo Azul!

Y la séptima (una pequeña loba amarilla) es como un destello de oro. Los ojos se deslumbran cuando uno la mira. Sus hermanos la llaman Lentejuela.

Alrededor hay nieve, hasta el horizonte que

cierran las colinas. Es la nieve silenciosa de Alaska, allá lejos, en el Gran Norte canadiense.

La voz de Llama Negra se escucha de nuevo, un poco solemne en esta blancura de silencio:

—¡Pequeños, hoy voy a hablarles del hombre!

II

—¿Del hombre?

—¿Otra vez?

—¡Oh! ¡No!

—¡Tú no paras de contarnos historias sobre los hombres!

—¡Estamos hartos de eso!

—¡Ya no somos bebés!

—Mejor háblanos de los renos, o de los conejos de la nieve, o de la caza de los patos...

—¡Sí, Llama Negra, cuéntanos historias de cacería!

—Nosotros, los lobos, somos cazadores, ¿sí o no?

Pero son los gruñidos de Lentejuela los que dominan:

—¡No! Yo quiero oír una historia sobre los hombres, una historia verdadera, una que produzca mucho miedo. Mamá, te lo suplico, me encantaría oír otra historia sobre los hombres.

Sólo Lobo Azul permanece en silencio. Él no es muy hablador, sino algo serio. Incluso es un poco triste. Sus hermanos lo encuentran aburrido. Sin embargo, cuando habla —lo cual es raro— todo el mundo lo escucha. Él posee cierta sabiduría, como un viejo lobo lleno de cicatrices.

Pues bien, de pronto los cinco pelirrojos se alborotan: que te agarro la garganta, que te salto sobre el lomo, que te mordisqueo las patas, que doy vueltas como loco detrás de mi propia cola... ¡La locura total!

Lentejuela los incita con su voz aguda, saltando como una rana enloquecida. Alrededor de ellos, la nieve vuela en destellos de plata.

Y Llama Negra no se preocupa.

"Que se diviertan... ¡Muy pronto conocerán la verdadera vida de los lobos!"

Y diciéndose esto, dirige su mirada hacia Lobo Azul, el único de sus hijos que nunca juguetea.

"¡Es el retrato de su padre!"

Hay orgullo en este pensamiento, y también tristeza, pues Gran Lobo, el padre, está muerto.

"Demasiado serio —piensa Llama Negra—. Demasiado agitado... Demasiado lobo..."

—¡Escuchen!

Lobo Azul está sentado, inmóvil como una roca, sus patas anteriores extendidas y sus orejas levantadas.

—¡Escuchen!

El desorden finaliza inmediatamente. La nieve cae alrededor de los lobeznos. Al principio no se escucha nada. A pesar de que los pelirrojos levantan sus orejas tupidas, no escuchan más que el repentino quejido del viento, como un gran grito congelado.

Y después, de repente, detrás del viento, un aullido de lobo, muy largo, muy modulado, que dice un montón de cosas.

—Es Primo Gris —murmura uno de los pelirrojos.

—¿Qué es lo que dice?

Llama Negra echa rápidamente un vistazo a Lobo Azul. Los dos saben bien lo que Primo Gris les dice, desde lo alto de la colina donde se encuentra vigilando.

¡El Hombre!

Un grupo de cazadores... que los buscan.

Los mismos de la última vez.

—¡Se acabó el juego, pequeños, prepárense, nos vamos!

III

Entonces, ¿Así era tu infancia, Lobo Azul, huir de los cazadores?

Sí, así era.

Nos instalábamos en un valle tranquilo, rodeado de colinas, que Primo Gris pensaba que eran impenetrables. Allí nos quedábamos una semana o dos, y había que huir de nuevo. Los hombres no se rendían jamás. Hacía dos o tres lunas que la misma banda acosaba a la familia. Ya habían cazado a Gran Lobo, el padre. No fácilmente. ¡Una reñida contienda! Pero lo cogieron.

Huíamos, caminando en fila india. Llama Negra abría la procesión, seguida inmediatamente de Lobo Azul. Luego venían

Lentejuela y los pelirrojos. Y después Primo Gris, de último, borrando las huellas con su cola.

Nunca dejábamos huellas. Nos desaparecíamos completamente, cada vez más lejos hacia el norte. Allí hacía cada vez más frío. La nieve se volvía hielo. Los peñascos se volvían filos cortantes. Y sin embargo, los hombres nos encontraban.

Nada los detenía jamás.

Los hombres...

El hombre...

En la noche, nos acostábamos en las madrigueras de los zorros (Los zorros les prestan sus madrigueras a los lobos, a cambio de un poco de comida. A ellos no les gusta cazar, los zorros son muy perezosos). Primo Gris hacía guardia afuera, sentado sobre un peñasco desde donde se veía todo el valle. Lobo Azul se acostaba a la entrada de la madriguera, mientras que al fondo Llama Negra arrullaba a los pequeños contándoles historias. Historias sobre el hombre, claro. Y, como era de noche, como estaban muy cansados para jugar, como les encantaba sentir miedo, y como Llama Negra estaba allí para protegerlos, Lentejuela y los pelirrojos escuchaban.

Érase una vez...

Siempre la misma historia: La del lobezno torpe y de su abuela demasiado vieja.

Érase una vez un lobezno tan torpe que nunca había atrapado nada en su vida. Los más viejos renos corrían muy rápido para él, los ratones campesinos se escapaban bajo su nariz, los patos alzaban vuelo en frente suyo... Nunca atrapaba nada. ¡Ni siquiera su propia cola! Era demasiado torpe.

Bueno, pero para algo tenía que servir, ¿no? Afortunadamente, él tenía una abuela. Muy vieja. Tan vieja que ya no atrapaba nada ella tampoco. Sus grandes ojos tristes miraban a los jóvenes correr. Su piel ya no se estremecía con la proximidad del cazador. Todo el mundo sentía lástima por ella. La dejaban en la madriguera cuando salían de caza. Ella organizaba algunas cosas, lentamente y luego se aseaba con cuidado, pues tenía un pelaje magnífico. Era plateado. Eso era lo único que le quedaba de su juventud. Nunca ningún lobo había tenido un pelaje tan hermoso.

Una vez terminado su aseo, que le tomaba dos horas, la abuela se recostaba a la entrada de la madriguera. Con el hocico entre las patas, esperaba el regreso de

Torpe. Para eso servía: para alimentar a la abuela.

El pernil del primer reno que cazaran era para la abuela.

—¿No es demasiado pesado para ti, Torpe?

—¡No, en lo absoluto!

—Bueno, ¡no pierdas el tiempo!

—¡Y no te enredes las patas!

—¡Y cuidado con el hombre!

Etc...

Torpe ni siquiera escuchaba estas recomendaciones. Ya estaba acostumbrado.

Hasta el día en que...

—¿Hasta el día en que qué?—, preguntaban los pelirrojos, con sus grandes ojos muy abiertos en la oscuridad.

—¿En que qué, en que qué? —preguntaba Lentejuela, con la lengua afuera.

—Hasta el día en que el hombre llegó a la madriguera antes que Torpe —respondía Llama Negra con un murmullo aterrador.

—¿Y entonces?

—¿Y entonces? ¿Ah? ¿Entonces, entonces?

—Entonces el hombre mató a la abuela, le robó su piel para hacerse un abrigo, le robó sus orejas para hacerse un sombrero, y se hizo una máscara con su hocico.

—¿Y ... entonces?

—¿Entonces? Entonces ya es hora de dormir, pequeños; mañana les contaré lo que sigue.

Los pequeños protestaban, por supuesto, pero Llama Negra no se preocupaba. Poco a poco, el sueño invadía la madriguera.

Era el momento que Lobo Azul esperaba para hacer su pregunta. Siempre la misma:

—¿Llama Negra, tu historia es verdadera?

Llama Negra reflexionaba un momento, luego daba siempre la misma extraña respuesta:

—Más verdadera que lo contrario, en todo caso.

IV

Así, las estaciones pasaban, los pequeños crecían, se convertían en jóvenes lobos, verdaderos cazadores, y nunca habían visto a un hombre. En fin, nunca de cerca. Sólo los habían escuchado.

El día en que Gran Lobo se peleó con ellos, por ejemplo. Habían escuchado los rugidos de Gran Lobo, luego el grito de un hombre, un colmillo enterrado en cada nalga, gritos de pánico, órdenes, luego un ruido de trueno, luego, nada más. Gran Lobo nunca regresó.

Y la huida comenzó de nuevo.

También los habían visto de lejos. En cuanto los lobos abandonaban un valle, los hombres se instalaban allí. Y el valle se ponía a humear, como un verdadero caldero.

—Ellos ensucian la nieve —refunfuñaba Llama Negra.

Se les veía desde lo alto de la más alta colina. Caminaban en dos patas en el fondo del caldero.

—Pero de cerca, ¿a qué se parecían?

—Primo Gris, ¿tú ya los has visto de cerca ?

—Los he visto, sí.

Y Primo Gris no era mentiroso.

—¿A qué se parecen?

—¿Los hombres? Dos patas y un fusil.

Aparte de eso no se le podía sacar nada más.

En cuanto a Llama Negra, ella contaba unas historias que ya no se podían creer, ahora que los pequeños eran grandes.

—¡Los hombres devoran todo: la hierba de los renos, los mismos renos y, si no tienen nada más que meterse entre los dientes, también pueden comer lobos!

O bien:

—Los hombres tienen dos pieles: la primera es desnuda, sin un pelo; la segunda es la nuestra.

O bien aún:

—¿El hombre? El hombre es un coleccionista (esta frase nadie la comprendía).

Después, un día, en el momento del descanso —todo el mundo estaba cansado—, alguien preguntó:

—¿Pero por qué es siempre la misma banda la que nos persigue? Primo Gris lamía sus patas extenuadas.

—Ellos han escuchado hablar de una pequeña loba de pelaje de oro...

Él no terminó su frase, Llama Negra lo fulminaba con su mirada.

Demasiado tarde. Todos los pelirrojos miraban a Lentejuela. Y Lentejuela los miraba a todos, con las orejas levantadas.

—¿Cómo? ¿Es a mí a quien buscan?

El sol escogió justo aquel momento para atravesar las nubes. Un rayo cayó sobre Lentejuela y todo el mundo volteó a mirarla. ¡Se veía realmente resplandeciente!

Una verdadera loba de oro, con una trufa negra en la punta del hocico. Una trufa tan negra, en medio de todo ese oro, que la hacía bizquear un poco.

"Adorable —pensó Llama Negra—, mi hija es adorable..." Y agregó inmediatamente: "Pero con la cabeza totalmente en las nubes".

Luego suspiró y murmuró en lo más profundo de sí misma:

"Francamente, Gran Lobo, ¿por qué me has dado la más bella loba que haya existido jamás? ¿Crees que no teníamos suficientes problemas?"

V

—¿Cómo? ¿Es a mí a quien buscan ?

Lentejuela había dicho esto en un tono gracioso. Y esto no había escapado a los oídos de Lobo Azul.

—¿Es a *mí* a quien buscan?

Con voz mimada... era inquietante.

Lobo Azul no sabía muy bien qué pensar de su hermana. Era una bella loba, por supuesto. La más bella. Y de una habilidad para la caza... ¡imbatible! Mucho más rápida que los pelirrojos, que no eran malos cazadores, sin embargo. ¡Tenía mejor vista que Llama Negra! ¡Mejor oído que Primo Gris! "¡Y un olfato más fino que el mío!" Lobo Azul estaba obligado a reconocerlo. De repente, ella se detenía, la trufa al viento, y decía :

—¡Allá.... un ratón de pradera!

—¿Dónde?

—¡Allá!

Ella señalaba un lugar preciso, trescientos metros adelante. Todos se dirigían hacia allá y encontraban una familia de ratones campesinos de lomo rojo, regordetes como perdices, bajo la tierra. Los pelirrojos no querían regresar de allí.

—¿Cómo adivinaste?

Ella respondía:

—La nariz.

O en verano, cazando patos... Los pelirrojos nadaban hacia sus presas sin hacer un solo ruido. Sólo su trufa sobresalía. Ni un remolino. Sin embargo, nueve de diez veces, los patos iniciaban su vuelo en sus narices. Lentejuela se quedaba en la orilla, encogida como un gato, sobre la hierba amarilla. Esperaba. Los patos volaban pesadamente a ras del agua. Cuando uno de ellos (siempre el más gordo) pasaba sobre ella, ¡hop!, un brinco y ¡zaz!

—¿Cómo lo logras?

—¡El ojo!

Y durante la migración de los renos,

cuando sus manadas se dispersaban sobre toda la extensión de la llanura... los lobos se subían a la colina más alta, y Lentejuela decía:

—El sexto a la derecha, a partir de la roca grande: está enfermo. (Los lobos sólo se comen a los renos enfermos. Es un principio.)

—¿Enfermo? ¿Cómo puedes estar segura?

—¡El oído!

Y agregaba:

—Escucha, respira mal.

Atrapaba incluso a las liebres polares. Y eso, ningún lobo lo había logrado hasta ahora.

—¡Las patas!

Pero al lado de esas hazañas, ella perdía presas increíblemente fáciles.

Por ejemplo: perseguía un viejo reno completamente agotado, y, de pronto, su atención se desviaba hacia el vuelo de una perdiz de las nieves.

Ella levantaba los ojos, se lamía las patas, se golpeaba la cara, y la encontraban revolcándose en la tierra aullando de la risa, como un lobezno recién nacido.

—Te ríes demasiado —refunfuñaba Lobo Azul—, y eso no es serio.

—Y tú eres demasiado serio, y eso no es divertido.

Ese tipo de respuestas no divertían a Lobo Azul.

—¿Por qué te ríes tanto, Lentejuela?

Ella dejaba de reír, miraba a Lobo Azul fijamente a sus ojos, y respondía:

—Porque me aburro.

Y explicaba:

—¡Nunca pasa nada en estas tierras tan aburridas, nunca cambia nada!

Y repetía:

—Me aburro.

VI

Y claro, a fuerza de aburrirse, Lentejuela quiso ver algo nuevo. Quiso ver a los hombres, de cerca. Ocurrió una noche. Ellos perseguían todo el tiempo a la familia. La misma banda de cazadores. Acampaban en una pequeña meseta de hierba, a tres horas de la madriguera. Lentejuela sentía el olor del fuego que ellos hacían. Incluso escuchaba cómo la madera seca estallaba.

"Allá voy —se dijo—". Estaré de regreso antes del amanecer. Finalmente veré a qué se parecen. Así tendré algo que contar y nos aburriremos menos. Y, después de todo, como soy yo a quien buscan..."

Ella creía que ésas eran unas buenas razones. Y se fue para allá.

Cuando Lobo Azul se despertó aquella noche (con un presentimiento), ella se había ido hacía una hora. Él lo adivinó inmediatamente. Ella había burlado la vigilancia de Primo Gris (¡Eso también lo sabía hacer!) y se había ido hacia donde estaban los hombres.

"¡Tengo que alcanzarla!"

Lobo Azul no la pudo alcanzar. Cuando llegó al campamento de los cazadores, vio a los hombres de pie, danzando a la luz del fuego, alrededor de una red colgada de un poste con una gruesa cuerda que la mantenía cerrada. Atrapada en la red, Lentejuela daba mordiscos al aire. Su pelaje dejaba ver algunos destellos de oro en la noche. Los perros enloquecidos saltaban bajo la red. Se oían sus dentelladas. Los hombres gritaban y bailaban. Estaban vestidos con pieles de lobo.

"Llama Negra tenía razón", pensó Lobo Azul, e inmediatamente se dijo: "Si corto la cuerda, la red caerá en medio de los perros y se abrirá. Ella es demasiado rápida para ellos, ¡escaparemos!"

Había que saltar sobre el fuego. Eso no es divertido para un lobo. Pero había que hacerlo, y rápido. No había tiempo para tener miedo.

"¡La sorpresa es mi única oportunidad!"

Y se lanzó al aire ardiente, sobre las llamas, sobre los hombres (el fuego les hacía ver los rostros muy rojos), ¡sobre la red!

Rompió la cuerda de un mordisco y gritó:

—¡Huye, Lentejuela!

Hombres y perros miraban todavía al aire.

Lentejuela vaciló:

—Perdóname, Lobo Azul, perd...

Y se armó la pelea. Lobo Azul lanzó dos perros a las llamas.

—¡Vete, te encargo la familia!

Entonces, Lobo Azul vio a Lentejuela dar un salto formidable. Luego escuchó como unos truenos. La nieve alrededor estaba como en pequeños géiseres.

¡Perdido!

Ella desapareció en la noche.

Lobo Azul apenas tuvo tiempo de alegrarse.

Uno de los hombres —grande como un oso— parado en frente de él, sostenía con las dos manos un leño encendido. Y eso fue el caos, fue como si la cabeza de Lobo Azul explotara. Y la noche. Una noche llena de chispas donde él caía, caía, no terminaba de caer dando vueltas.

VII

Bueno.

Cuando se despertó, sólo podía abrir un ojo. No lo habían matado. Su piel se había dañado demasiado en la batalla como para ser vendida. Entonces, su destino fue el zoológico. Bueno, *los* zoológicos. Pasó por cinco o seis zoológicos en los diez años que siguieron. Suelo de cemento y techo de metal. Suelo de tierra trillada y cielo abierto. Pequeñas jaulas y gruesos barrotes. Cercas y mallas. La carne que te tiran de lejos. Los pintores del domingo. Los hijos de los hombres que te temen. Las estaciones que pasan...

Completamente solo, en medio de animales desconocidos, encerrados también en jaulas...

"El hombre es un coleccionista". Ahora comprendía la frase de Llama Negra.

Completamente solo. Hasta el día en que introdujeron una loba en su jaula.

Al principio, Lobo Azul no estaba muy contento. Se había acostumbrado a la soledad. Prefería los recuerdos a la compañía. La loba hacía un montón de preguntas:

—¿Cómo te llamas?

Ella tenía el pelo gris y un hocico casi blanco.

—¿De dónde vienes?

La punta de sus patas también era blanca.

—¿Hace mucho tiempo que te atraparon?

"Parece una perdiz de las nieves", pensaba Lobo Azul.

—De acuerdo, —dijo la Loba—, cállate si quieres pero yo te advierto: ¡Si tú me preguntas algo yo te responderé!

"El tipo de cosa que habría podido decirme Lentejuela." Entonces, Lobo Azul le preguntó :

—Y tú, ¿de dónde vienes?

—Del Gran Norte.

—Es inmenso, el Gran Norte...

—Yo vengo de las Barren Lands, en el Ártico.

Lobo Azul contuvo el aliento. ¿Las Barren Lands? Así era como los hombres llamaban a la tierra donde lo habían capturado. Escuchó claramente los fuertes latidos de su corazón.

—¿Las Barren Lands? Dime, tú conoces...

—¡Conozco a todo el mundo allá!

—Una pequeña loba con pelaje de oro, ¿la conoces?

—¿Lentejuela? ¿La hija de Llama Negra y de Gran Lobo? ¡Claro que la conozco! Pero primero que todo ya no es una pequeña loba, es inmensa. Más grande que los más grandes lobos. Y además no tiene pelaje de oro...

—¿No tiene pelaje de oro, cómo es ese cuento?

—No es un cuento, yo no miento jamás. Ella tenía un pelaje dorado, es cierto. Ahora ya no lo tiene. Se apagó su brillo.

—¿Se apagó?

—Exactamente. Una noche, se fue con uno de sus hermanos, nadie ha podido saber a dónde, y en la mañana regresó sola. Su pelaje había perdido el brillo. Ya no resplandecía bajo el sol. ¡Amarillo quemado! Dicen que está de luto.

—¿Eso dicen?

—Dicen muchas cosas de ella. Y todo lo que dicen es verdad, yo la conozco bien. Dicen que los lobos nunca habían tenido un mejor cazador, ¡es verdad! Se dice que ni ella, ni los suyos se dejarán atrapar nunca por los hombres, ¡es verdad!

—¿Qué sabes de eso? —preguntó Lobo Azul, y sintió una inmensa ola de orgullo en su pecho.

Entonces, Perdiz le contó... Era en verano. Tres familias de lobos estaban reunidas alrededor de un estanque donde los patos abundaban. Entre ellas, la familia de Lentejuela y la de Perdiz. Todos al acecho, silenciosos. Cuando, de pronto, "flap, flap, flap", un ruido en el aire sobre ellos que todos reconocen: ¡el helicóptero! (Sí, ahora nos cazan con helicópteros.) ¡bang!, ¡bang!, los primeros disparos. ¡Pánico general!

Los lobos huían hacia todos los lados, como dispersados por el viento de las hélices. Afortunadamente, los cazadores disparaban mal. Eran principiantes que cazaban para distraerse.

De repente, el helicóptero descendió, cada vez más cerca. La hierba se aplastaba debajo de él, pero en la hierba, justamente, estaba

Lentejuela, imposible de identificar, pues tenía el mismo color, ¡exactamente!

Y de repente, un salto: ¡hop!, la pierna del piloto: ¡clac!, el helicóptero sube de nuevo, hace una graciosa pirueta, y ¡plaf! ¡Cae en medio del estanque!

Perdiz se precipitó entonces hacia Lentejuela:

—¿Cómo lo lograste, Lentejuela? Di cómo.

—¿Y sabes cómo me respondió?

—¡El ojo!

—¿Cómo lo sabes?

—Te lo explicaré. Cuenta lo que sigue.

—Sí, lo que sigue. Bueno, entonces allí estaba el helicóptero en medio del estanque, los hombres entre los patos (¡Furiosos, los patos!) y los lobos sentados alrededor, en la orilla, riendo y riendo... Un goce, no te lo puedes imaginar, Lentejuela era la única que no se reía.

—¿No se reía?

—No, ella no se ríe jamás.

VIII

Y bien, fue después de esta conversación que Lobo Azul aceptó la compañía de Perdiz. Ella era alegre. Intercambiaban recuerdos. Los años pasaron...

La semana pasada murió Perdiz.

Y es así como llegamos al presente. A este momento, justamente, en que Lobo Azul está sentado en su jaula vacía. Sentado en frente de aquel niño.

Ojo a ojo, los dos. Con el murmullo sordo de la ciudad remplazando el silencio. ¿Hacía cuánto tiempo se miraban así, ese niño y el lobo? El muchacho ha visto el sol ponerse varias veces en el ojo del lobo. No el frío sol de Alaska (aquél, con su luz tan pálida, nunca se sabe si se esconde o sale...), no, sino el sol de aquí, el sol del zoológico que desaparece cada tarde cuando los visitantes se van. La noche cae entonces en el ojo del lobo. Primero hace borrosos los colores, luego borra las imágenes.

Y el párpado del lobo se resbala finalmente sobre este ojo que se apaga. El lobo permanece allí, sentado en frente del muchacho, bien derecho.

Pero está dormido.

Entonces el niño abandona el zoológico, de puntillas, como cuando uno sale de una habitación.

Pero todas las mañanas, cuando Llama Negra, Primo Gris, los pelirrojos, Lentejuela y Perdiz se despiertan en el ojo del lobo, el niño está allí, parado en frente de la jaula, inmóvil, atento.

—Pronto sabrás todo sobre mí.

El lobo reúne ahora sus más pequeños recuerdos: todos aquellos parques zoológicos; todos esos animales que conoció, prisioneros como él, tan tristes; todos esos rostros de hombres que él aparentaba no mirar, no muy alegres, ellos tampoco; las nubes de las estaciones que pasaban; la última hoja de su árbol que cae; la última mirada de Perdiz; el día en que él decidió no volver a tocar la carne.

Hasta ese preciso momento cuando se presenta el último recuerdo de Lobo Azul.

Es la llegada de aquel muchacho, justamente, delante de su jaula, una mañana, al comenzar el invierno.

—Sí, mi último recuerdo, eres tú.

Es verdad, el niño ve su imagen aparecer en el ojo del lobo.

—¡Lo que llegaste a molestarme, al principio!

El niño se ve, parado en ese ojo completamente redondo, inmóvil como un árbol congelado.

—Yo me decía: ¿Qué es lo que quiere de mí? ¿Nunca ha visto un lobo, o qué?

La respiración del muchacho hace ver un vapor blanco en el ojo del lobo.

—Yo me decía: Él se cansará antes que yo, yo soy más paciente que él, ¡yo soy el lobo!

Pero en el ojo de lobo, el muchacho no parece querer irse.

—Estaba furioso, ¿sabes?

En efecto, la pupila del lobo se encoge y se eleva como una llama alrededor de la imagen del muchacho.

—Y después tú cerraste tu ojo. Muy gentil, eso...

Todo está en calma, ahora. Empieza a nevar suavemente sobre ese lobo y sobre ese niño. Los últimos copos del invierno.

—¿Pero tú? ¿*Tú*? ¿Quién eres tú? ¿Ah? ¿Quién eres tú? Y primero que todo, ¿cómo te llamas?

3

EL OJO DEL HOMBRE

I

No es la primera vez que le preguntan su nombre al niño. Los otros niños, al principio...

—Eh... tú, ¿tú eres nuevo por aquí?

—¿De dónde vienes?

—¿Qué hace tu padre?

—¿Cuántos años tienes?

—¿En qué curso estás?

—¿Sabes jugar a las canicas?

Preguntas de niños.

Pero la más frecuente era justamente aquélla que el lobo acababa de hacerse dentro de su cabeza:

—¿Cómo te llamas?

Y nadie entendía nunca la respuesta del niño.

—Yo me llamo África.

—¿África? ¡Ése no es un nombre de persona, es el nombre de un continente!

Y se reían.

—Sin embargo, así es como me llamo: África.

—¿No es un chiste?

—¿Estás bromeando?

—¿Te burlas de nosotros o qué?

El niño escogía una mirada muy particular y preguntaba tranquilamente:

—¿Tengo cara de estar bromeando?

No tenía cara de hacerlo.

—Perdónanos, sólo molestábamos....

—No queríamos....

—Nosotros no...

El muchacho levantaba la mano y sonreía suavemente para mostrar que aceptaba las excusas.

—Bueno, yo me llamo África, ése es mi nombre. Y mi apellido es N'Bia. Yo me llamo África N'Bia.

Pero el niño sabía que un nombre no quiere decir nada sin su historia. Es como un lobo en un zoológico: nada más que un animal entre tantos otros si uno no conoce la historia de su vida.

—De acuerdo, Lobo Azul, te voy a contar mi historia.

Y entonces el ojo del niño se transforma a su vez. Como una luz que se apaga o un túnel que se hunde bajo la tierra. Es eso, un túnel en el que Lobo Azul se introduce, como en la madriguera de un zorro. A medida que se avanza, menos se ve. Pronto, no hay ni una gota de luz.

Lobo Azul no ve siquiera la punta de sus patas. ¿Durante cuánto tiempo se estrecha él así en el ojo del muchacho? Eso es difícil de decir. Minutos que parecen años. Hasta el momento en que una pequeña voz resuena en el fondo de la oscuridad para decir:

—¡Lobo Azul, es aquí, el lugar de mi primer recuerdo!

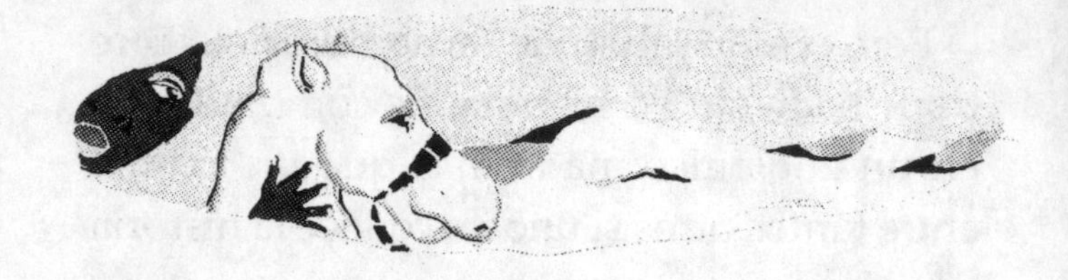

II

Una noche terrible. Una noche de África sin luna: Como si el sol jamás hubiera brillado sobre la tierra. Y un alboroto... Gritos de pánico, persecuciones, breves resplandores que brotaban de todos lados, seguidos de detonaciones, ¡como la noche en que capturaron a Lobo Azul! E inmediatamente, el estallido de las llamas. Una luz roja y sombras negras pegadas en los muros.

—La guerra, o algo como eso. Incendios por todas partes, casas que se destruyen...

—¡Toa! ¡Toa!

Es una mujer que grita mientras corre. Ella lleva algo en los brazos y llama a un hombre que roza los muros sosteniendo un inmenso camello por la rienda.

—¡Toa el mercader, te lo ruego, escúchame!

—¿Tú crees que es el momento de conversar...?

—No es para hablar Toa, ¡es por el niño¡ ¡Toma este niño y llévatelo lejos de aquí! Ya no tiene madre.

Ella extiende el bulto que lleva en los brazos.

—¿Qué quieres que haga con un niño tan pequeño? ¡Sólo serviría para beberse mi agua!

De repente salen llamas de una ventana vecina. Toa siente arder los pelos de su bigote.

—¡Ah! ¡África! ¡Maldita África!

—¡Te lo ruego, Toa, salva al pequeño! Cuando sea grande, él contará cuentos: ¡los cuentos que hacen soñar!

—Yo no necesito soñar, ¡tengo suficiente aburrimiento con este camello tonto que sueña de la mañana a la noche!

El camello, que atraviesa tranquilamente aquel infierno, como si estuviera al borde de un oasis, se detiene en seco.

—¡Toa! —grita la mujer—, ¡te daré dinero!

—No, en lo absoluto. Anda, camello. ¿Sí?

—¡Mucho dinero, Toa, mucho!

—Bendito camello, cada vez que lo trato de tonto, se detiene. ¿Cuánto dinero?

—Todo el que tengo.

—¿Todo?

—¡Absolutamente todo!

III

El día se levanta sobre un paisaje completamente diferente. Lobo Azul no lo puede creer.

—¡Nieve!

Ni un árbol, ni una roca, ni una ramita de hierba. Nada más que nieve. Nada más que el cielo azul. Inmensas colinas de nieve, hasta donde la vista alcanza. Una nieve extraña, amarilla, pero que cruje y se deshace a cada paso, y que se resbala en placas, como la nieve de Alaska. Y en todo el centro del cielo, un sol blanco que hace cerrar los ojos, que hace sudar a chorros a Toa, el mercader.

—¡Maldito desierto! ¡Arena maldita! ¿Esto no terminará nunca?

Toa camina, doblado en dos. Lleva al camello de la rienda, y murmura entre dientes:

—¡Ah! ¡África! ¡Maldita África!

El camello no lo escucha. Él camina soñando. No es un camello, es un dromedario, con una sola joroba. Todo lo que Toa le ha colgado en el lomo, ¡es increíble! Cacerolas, cubetas, molinos de café, zapatos, lámparas de petróleo, taburetes de paja, una verdadera cacharrería ambulante que se bambolea con

el movimiento de la joroba. Y arriba, en la cima de aquel montón de cosas, sentado bien derecho, arropado en un abrigo de beduino, un abrigo de lana negra, el niño, que mira a lo lejos.

"¡Ah!, allí estás —piensa el lobo—, tenía miedo de que ese canalla te abandonara".

Lobo Azul tiene razón al tener miedo. Muchos años han pasado desde la terrible noche. Y, muchas veces, Toa ha tratado de abandonar al pequeño.

Siempre actúa de la misma forma. Algunas mañanas, cuando está particularmente gruñón (los negocios estuvieron malos, la mano de agua se secó, la noche estuvo demasiado fría, siempre hay una buena razón...), él se levanta en silencio, enrolla su carpa de lana café, y murmura al oído del dromedario que está medio dormido:

—Dale, camello, de pie, vamos.

El niño se hace el dormido. Él sabe lo que va a pasar.

—Entonces, ¿vienes, sí?

Toa el mercader se cuelga de la rienda del dromedario, que lo mira mascando un viejo cardo.

—¿Te vas a levantar? ¡Dime!

No, el dromedario permanece acostado

sobre sus rodillas. Es siempre en ese momento cuando Toa levanta un gran palo nudoso:

—¿Esto es lo que buscas?

Pero al dromedario le basta con mostrarle sus largos dientes, planos y amarillos, para que el palo vuelva a bajar.

"No me voy sin el niño".

Eso es lo que dice el silencio del dromedario, y su inmovilidad, y su mirada tranquila. Entonces, Toa despierta al niño de un golpe seco.

—¡Vamos, de pie! Tú me has hecho perder suficiente tiempo, móntate allá arriba y no te muevas.

Es que el dromedario no acepta a ninguna otra persona sobre su joroba. El niño allá arriba y Toa el mercader abajo, a pie sobre la arena caliente.

—Hola, pulga, ¿dormiste bien?

—¡Como África! Y tú, Cacerolas, ¿tuviste buena noche? ("Cacerolas", es el apodo afectuoso que el niño le puso al dromedario).

—Sí, una buena noche, tuve un sueño interesante.

—Bueno, ¿vamos?

—Vamos.

Cacerolas despliega sus patas y se pone de pie en el cielo naranja. El sol se levanta. Toa el mercader refunfuña, escupe y maldice al África. El dromedario y el niño se divierten. Hace mucho tiempo que aprendieron a reír *por dentro*. Vistos desde fuera, el uno y el otro son brillantes y serios como las dunas.

IV

Así fue como comenzó su vida. Por toda el África, Toa el mercader no habría podido encontrar un muchacho capaz de cargar y descargar el dromedario más rápido que él, de presentar de forma más bonita las mercancías delante de las carpas de los beduinos, de comprender mejor a los camellos, y sobre todo, de contar las más bellas historias, en la noche, alrededor del fuego, cuando el Sahara se vuelve tan frío como un desierto de hielo, y cuando uno se siente todavía más solo.

—Él cuenta bien, ¿no?

—¿No es cierto que cuenta bien?

—¡Sí, él cuenta bien!

Eso atraía a los clientes, en los campamentos de nómadas. Toa estaba contento.

—¡Eh! Toa, ¿cómo llamas tú a ese niño?

—No he tenido tiempo de darle un nombre; ¡yo trabajo!

Los nómadas no querían a Toa el mercader.

—Toa, tú no mereces a ese chico.

Ellos instalaban al niño muy cerca del brasero, le daban té hirviendo, dátiles, leche cuajada (les parecía que estaba muy flaco) y le decían:

—Cuenta.

Entonces el niño contaba para ellos las historias que nacían en su cabeza, arriba, sobre la joroba de Cacerolas. O les contaba los sueños del dromedario, que soñaba todas las noches, e incluso a veces mientras avanzaba bajo el sol. Todas aquellas historias hablaban de África amarilla, el Sahara, el África de arena, de sol, de soledad, de escorpiones, de silencio. Y, cuando las caravanas partían bajo el cielo ardiente, aquellos que habían escuchado al pequeño veían otra África, desde lo alto de sus camellos. Ahora la arena era suave, el sol una fuente, ya no estaban solos: la pequeña voz del niño los acompañaba por todas partes en el desierto.

—¡África!

Fue durante una de esas noches que un viejo jefe tuareg (tenía por lo menos ciento cincuenta años) dijo:

—¡Toa, a este niño lo llamaremos África!

Cuando África contaba, Toa permanecía alejado, en su manta.

Pero al final de cada historia, se levantaba con un recipiente de hierro blanco en la mano, para recolectar las monedas de bronce o los viejos billetes.

—¡Cobra hasta por las historias del niño!

—Toa el mercader, te venderías a ti mismo si alguien te quisiera.

—Yo soy el mercader —refunfuñaba Toa—, yo desempeño mi profesión de mercader.

Es verdad que Toa lo habría vendido todo. En realidad, una buena mañana, lo vendió todo. Eso sucedió en una ciudad del sur, allá donde el desierto deja de ser de arena. En otra África, el África gris. Piedras ardientes, matorrales espinosos, y, todavía más hacia el sur, grandes llanuras de hierbas secas.

—Espérame allá —había ordenado Toa—. Cuida la carpa.

Y había desaparecido en la ciudad, llevando su camello por la rienda. África ya no tenía miedo de ser abandonado. Él sabía que Cacerolas no se iría de la ciudad sin él.

Sin embargo, cuando Toa regresó, estaba solo.

—¡Vendí el camello!

—¿Cómo? ¿Vendiste a Cacerolas? ¿A quién?

—Eso no te importa.

Tenía una mirada sospechosa.

—Además, te vendí a ti también.

Y agregó:

—Ahora eres pastor.

V

Después de la partida de Toa, África había pasado horas enteras buscando a Cacerolas, pero en vano.

"Cacerolas no pudo salir de la ciudad, ¡él no habría dado ni un paso sin mí! ¡Él me lo había prometido!"

Les preguntaba a los que pasaban. Le respondían: —Pequeño, ¡aquí se venden dos mil camellos todos los días!

Él preguntaba a los niños de su edad:

—¿No has visto un dromedario que sueña?

Los niños se reían:

—¡*Todos* los dromedarios sueñan!

También les preguntaba a los mismos camellos:

—¡Un dromedario grande como una duna!

Los camellos lo miraban desde muy arriba:

—No hay pequeños dromedarios entre nosotros, mi niño, no hay sino hermosas bestias...

Y, claro, él se dirigía también a los compradores de camellos:

—Un bello dromedario color arena, vendido por Toa el mercader...

—¿Cuánto? —preguntaban los compradores, que no se interesaban en nada más.

Hasta el momento en el que el Rey de las Cabras se puso furioso:

—¡Bueno, África, tú no estás aquí para buscar un dromedario, sino para cuidar mis rebaños!

Toa había vendido al Rey de las Cabras al pequeño África. No era un hombre malvado, el Rey de las Cabras. Él simplemente amaba a sus rebaños más que a cualquier cosa en el mundo. Además, tenía cabellos ensortijados de cordero, sólo comía queso de cabra, sólo tomaba leche de oveja y hablaba con una voz temblorosa que hacía agitar su larga y sedosa barba de chivo. Él no vivía en una casa, sino en una carpa, como recuerdo de cuando él mismo cuidaba sus rebaños, y nunca abandonaba su inmensa cama de lana negra y ensortijada.

—Sí, yo soy muy viejo, si no, no necesitaría un pastor.

A la menor enfermedad de una oveja, la fractura de una pata de cordero, o una cabra desaparecida, él despedía al pastor.

—¿Entendiste, África?

El niño hizo señas de que había entendido.

—Entonces, siéntate y escucha.

El rey de las cabras le dio al muchacho un gran pedazo de queso y un recipiente con leche aún tibia, y le enseñó la profesión de pastor.

África permaneció dos años enteros al servicio del Rey de las Cabras. Los habitantes del África Gris no regresaban.

—Habitualmente, el viejo no conserva a un pastor por más de quince días. ¿Tienes un secreto?

África no tenía ningún secreto. Era un buen pastor, eso es todo. Él había comprendido una cosa muy simple: los rebaños no tienen enemigos. Si el león o el guepardo se comen una cabra de vez en cuando, es porque tienen hambre. África había explicado esto al rey de las cabras.

—Rey, si no quieres que los leones ataquen a los rebaños, tienes que darles de comer tú mismo.

—¿Alimentar a los leones?

El rey de las cabras enroscaba su barba.

—De acuerdo, África. No es una mala idea.

Y a todas partes donde África llevaba a pastar las cabras, ponía grandes pedazos de carne que llevaba de la ciudad.

—Aquí está tu parte, león, no toques mis ovejas.

El viejo león del África gris olfateaba los pedazos de carne sin afanarse.

—Tú eres un tipo cómico, pastor, verdaderamente cómico.

Y se ponía a comer.

Con el guepardo, África tuvo una conversación más larga. Una noche, cuando éste se acercaba rastreando al rebaño, con mil precauciones, África exclamó:

—No te hagas la serpiente, guepardo, ya te escuché.

Estupefacto, el guepardo sacó la cabeza de la hierba seca.

—¿Y cómo hiciste, pastor? ¡Nadie me escucha jamás!

—Vengo del África amarilla. Allá no hay más que silencio; eso vuelve el oído agudo. Mira, puedo decirte que dos pulgas se pelean sobre tu hombro.

De un mordisco, el guepardo hizo crujir las dos pulgas.

—Bien —dijo África—, tengo que hablarte.

Impresionado, el guepardo se sentó y escuchó.

—Tú eres un buen cazador, guepardo, corres más rápido que todos los animales y ves más lejos. Ésas también son cualidades de pastor.

Silencio. Se escuchó un elefante bramar, muy lejos. Luego, disparos de fusil.

—Cazadores extranjeros... —murmuró África.

—Sí, regresaron —dijo el guepardo—, los vi ayer.

Hubo un momento de tristeza.

—Guepardo, ¿y si haces de pastor conmigo?

—¿Qué ganaría yo?

África miró largamente al guepardo. Dos lagrimas viejas habían dejado líneas negras hasta los bordes de sus labios.

—Necesitas un amigo, guepardo, y yo también.

Y eso fue lo que pasó con el guepardo. África y él se volvieron inseparables.

VI

Las cabras más jóvenes no podían seguir al rebaño cuando los pastizales estaban muy lejos. Se cansaban. Se arrastraban por el camino, y las hienas, que nunca estaban lejos, se lamían los hocicos mientras reían. El guepardo estaba cansado de ir y venir para cazar las hienas. Las cabritas más frágiles eran también las más bellas y las más raras, era una raza especial a la que el Rey de las Cabras llamaba "mis palomas de Abisinia". Pasaba noches en vela pensando en que algo les pudiera pasar.

—Rey, tengo una idea para proteger a las palomas.

África explicó:

—Hay que dejar a las más jóvenes atrás.

El Rey de las Cabras se arrancó tres pelos de la barba.

—Completamente solas y atrás... ¿Estás loco? ¿Y las hienas?

—Ésa es justamente mi idea: Yo pongo las cabritas en los más grandes matorrales de espinas, y las hienas no pueden tocarlas.

El Rey de las Cabras cerró los ojos y reflexionó muy rápido: "Veamos, todas las cabras tienen mandíbulas para triturar los clavos, las espinas no les dañan la piel, y si hay algo que las hienas no soportan, son las plantas espinosas. Una buena idea, no hay duda".

Peinando su barba, miró de nuevo a África y preguntó:

—Dime, África—, ¿por qué yo no tuve esa idea antes que tú?

África contempló los ojos del anciano, tan gastados, tan pálidos, y respondió suavemente:

—Es que ahora el pastor soy yo. Tú eres el Rey.

¡Había que ver a la hiena mirando el matorral espinoso!

—Eso no, África... esa cabrita, bajo mi nariz, ¡y además una paloma de Abisinia! ¡Una tentación como esa, no es realmente amable de tu parte!

La hiena salivaba tanto que habrían podido crecer flores entre sus patas. África le dio unos golpecitos en la frente:

—A mi regreso, te traeré los sobrados del viejo león. Los leones son como los ricos, siempre dejan algo.

El guepardo, al que no le gustaba el olor de las hienas, fruncía las cejas.

—Pastor, no deberías hablar con *eso*.

—Yo hablo con todo el mundo.

—Es un error. Yo jamás confiaría en *eso*.

El rebaño continuó la marcha. El guepardo dio una última mirada despectiva a la hiena y dijo:

—De todas formas, no tiene ninguna importancia: mientras yo viva nadie se comerá una de tus cabras.

El tiempo pasaba. El rebaño prosperaba. El Rey de las Cabras dormía tranquilamente. Todo el mundo estaba contento, incluyendo a la hiena, que disfrutaba de los restos del león (incluso fingía que permanecía al lado de los espinales sólo para cuidar a las palomas de Abisinia. El guepardo sacudía la cabeza levantando los ojos hacia el cielo. —¡Oye, protestaba la hiena—. Si les pasara algo a las palomas, ¡yo sería la primera en avisarte, pastor!).

Todo el mundo, en el África gris, conocía al pequeño pastor. Era muy popular. En la noche, cuando África prendía su fuego, no había que esperar mucho tiempo para que unas sombras negras se deslizaran hacia él. No eran ladrones. No eran animales hambrientos. Era la mezcla de aquéllos —hombres y bestias— que venían a escuchar las historias de África, el pequeño pastor del Rey de las Cabras. Él les hablaba de otra África, del África amarilla. Él les contaba los sueños del dromedario Cacerolas, misteriosamente desaparecido.

Pero también les contaba historias del África gris, que él conocía mejor que ellos, aunque no hubiera nacido allí.

—Él cuenta bien, ¿no?

—¿No es cierto que cuenta bien?

—¡Claro que sí, él cuenta bien!

Y, llegada el alba, cuando cada uno se iba, era como si permanecieran juntos.

Un día, el gorila gris de las sabanas interrumpió una historia:

—Dime, pastor, ¿sabes que existe otra

África, un África verde, con árboles por todas partes, altos y tupidos como las nubes? Yo tengo un primo allá, ¡un gran forzudo de cráneo puntiagudo!

¿Un África verde? No creían mucho en eso. Pero al gorila gris de las sabanas se le contradecía muy raramente...

Extraña, la vida... Te hablan de algo que ignoras completamente, algo inimaginable, casi imposible de creer, y apenas te han hablado de ello, he ahí que lo descubres a tu vez. El África verde... el niño pronto la iba a conocer, ¡el África verde!

VII

Eso pasó una noche. África contaba historias. Los animales lo escuchaban; de pronto el guepardo silbó:

—¡Silencio!

Se oyó la risa de la hiena venir de muy lejos. Pero era una risa inusual, una risa furiosa...

—¡Algo pasa con las palomas de Abisinia!

El guepardo saltó sobre sus patas.

—¡Allá voy! Pastor, encontrémonos allá, lleva el rebaño.

Después dijo, justo antes de desaparecer:

—¡Yo te dije que no confiaras en *eso*!

En la madrugada, cuando África llegó al matorral espinoso, su corazón cesó de latir. ¡El matorral estaba vacío! La hiena había desaparecido. El guepardo también. Alrededor, estaban las marcas de la lucha...

Y nadie sabía nada, evidentemente.

El Rey de las Cabras casi se muere.

—¡Mi paloma de Abisinia! ¡La más bella! ¡La más graciosa! ¡La perla de mis ojos! ¡La más rara! ¡Eso es lo que pasa por frecuentar a los guepardos! ¡Él se la habrá comido! ¡Maldito pastor, te despido, a ti y a tus ideas de matorrales espinosos! ¡Vete! ¡Desaparece antes de que te estrangule!

¿Quedarse en África gris? Imposible. Demasiado triste. ¿Volver al África amarilla? ¿Sin Cacerolas? No. El muchacho piensa en el gorila gris de las sabanas. El África verde: "Tengo un primo allá..."

—¿Y cómo pagarás tu viaje? —le había preguntado el chofer.

—Limpiaré tu camión —había respondido África.

—No necesita de limpieza, es el motor lo que cuenta.

—Prepararé tus comidas.

—Ya está lista mi comida (el chofer había mostrado una provisión de tortas de trigo negro y de queso blanco).

—Te contaré historias.

—Bueno, me gustan las historias. Y eso me impedirá dormirme. Súbete. Si me aburres, te tiro por la ventana.

Y así fue como abandonaron el África gris. Mientras el chofer conducía (demasiado rápido), Africa contaba historias. Pero, mientras las contaba, pensaba en otra cosa. "¿ Qué les pasó a la pequeña cabra, al guepardo y a la hiena? ¿Es que voy a perder a todos mis amigos uno tras otro? ¿Será que yo llevo la desdicha?"

El sol salía. Y se escondía. Triste viaje. Largo viaje. Muy largo. Muy caliente. Muy aburrido.

El camión era una especie de pequeño autobús al que todas las latas le sonaban. En él subieron otros pasajeros. El chofer les

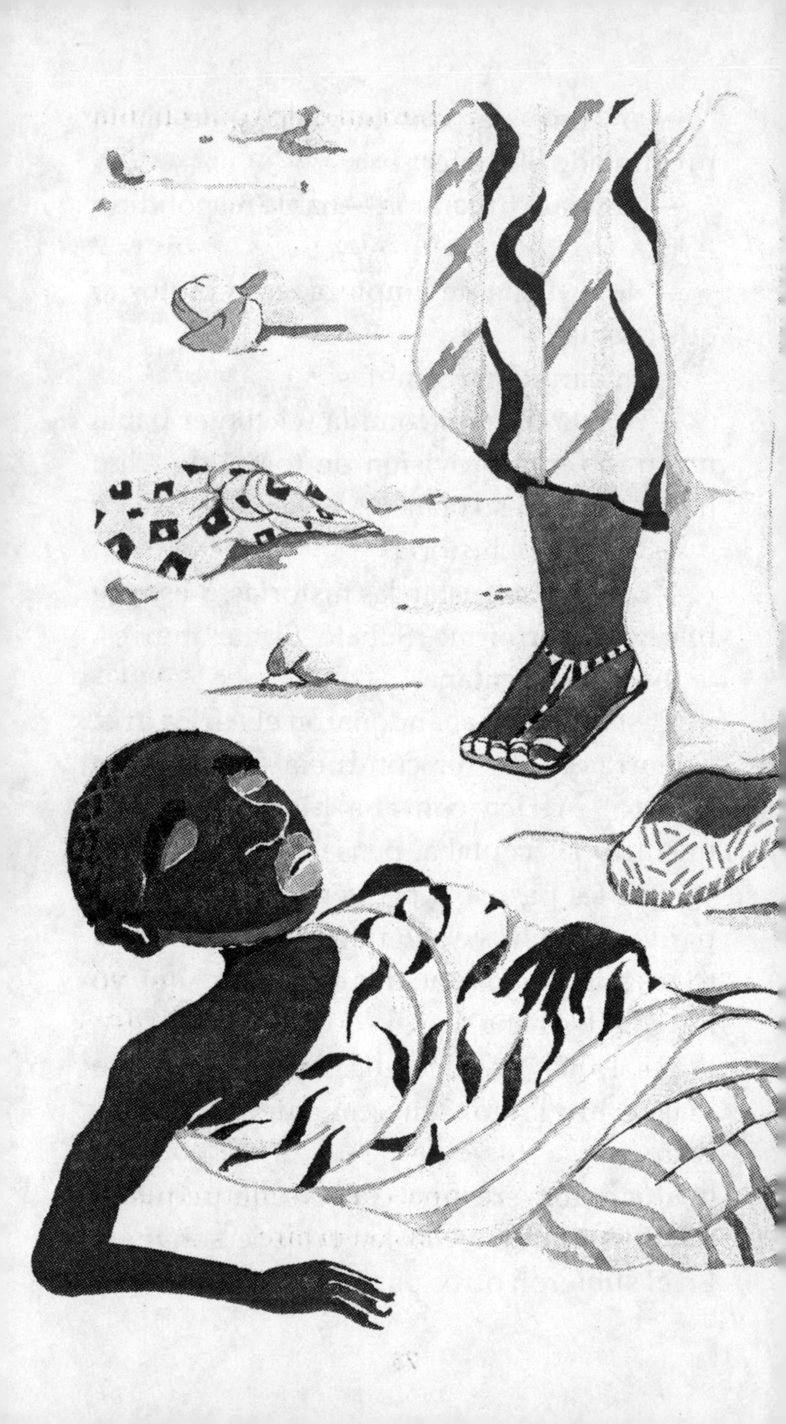

cobraba. Caro. ("¡Tengo un chico que cuenta historias!") Y así subía a mucha gente. Muchísima. África le dijo al chofer:

—Estás demasiado cargado, chofer, y conduces demasiado rápido...

—¡Cállate y sigue contando!

África contaba. Noche y día. En la noche, él veía los ojos que lo escuchaban.

Y una mañana, un grito inmenso salió de todos los pechos. Allá, en todo el borde de un mar de tierra seca y agrietada, apareció el mar de pequeñas olas verdes de la selva tropical.

¡África verde! El gorila gris de las sabanas no había mentido.

Todo el mundo se asomó por las ventanas gritando de alegría. El chofer aceleró aún más. Penetraron a toda velocidad en la selva. Y, claro, en una curva bordeada de inmensos helechos, el pequeño autobús se salió de la carretera y se volteó. Hubo un gran estrépito de chatarra y de motor dañado.

La última cosa que vio África antes de desmayarse, fue el autobús, como un viejo escarabajo boca arriba, con sus cuatro ruedas torcidas dando vueltas en el aire.

VIII

—¡M'ma Bia, M'ma Bia, se está despertando!

—Por supuesto que se despierta, porque fui yo quien lo cuidó.

—A pesar de todo, tan rápido, no lo habría creído...

—P'pa Bia, viejo, ¿desde hace cuanto tiempo yo cuido a las personas?

—Desde que eras pequeñita, ¡hace ya cincuenta años!

—¿Cuántos no se curaron, P'pa Bia, me lo puedes decir?

—Todos se han curado. Cada vez es un verdadero milagro...

—¡Un milagro no, la buena mano de M'ma Bia!

—Sin embargo, éste, yo pensé que se iba a morir.

—Pobre viejo, éste es más resistente que todos los otros, ¡vivirá cien años!

Hacía ya rato, África, en medio de su sueño, escuchaba estos cuchicheos, acompañados de pequeñas risas. Abrió los ojos.

—¡M'ma Bia, él abre los ojos!

—Sí, ya veo que abre los ojos. Dale leche de coco.

África bebió la leche. Un líquido fresco, cremoso, dulce, un poco ácido. Le gustó.

—Parece que le gusta.

—P'pa Bia, ya veo que le gusta, dejó vacío el cuenco.

África se volvió a dormir.

Cuando se despertó, por segunda vez, la casa estaba vacía. Sin embargo, oyó una voz que le decía:

—Hola, tú.

Una pequeña voz metálica y nasal, que provenía de un extraño pájaro, azul pálido, de pico rojo, con una punta para romper las nueces. El pájaro estaba encaramado sobre una tinaja de barro.

—Hola —respondió África—. ¿Quién eres?

—Yo soy un loro. ¿Y tú?

—Yo era pastor. También fui comerciante. En fin, casi...

—¿Ves? —dijo el loro—. Como P'pa Bia. Y tú acabarás probablemente como él, en la agricultura.

—¿Puedo salir?—, preguntó África.

—Si te puedes sostener sobre tus piernas, ¿quién te lo impide?

África se levantó con precaución, pero era un cuidado inútil, pues ya estaba curado. Como si toda esa vida que había perdido a causa del accidente hubiera regresado a él durante su sueño. Entonces pegó un grito de alegría y salió de la casa corriendo. Pero su grito se transformó en un alarido de terror. La casa estaba construida muy arriba sobre pilotes: él acababa de precipitarse hacia el vacío. África cerró los ojos y esperó el golpe. Pero ocurrió otra cosa. Dos enormes brazos, de una fuerza increíble, lo atraparon en el aire y él se sintió abrazado contra un pecho tan grande, velloso y relleno como el del Rey de las Cabras. Después hubo un ataque de risa tan poderoso que todos los pájaros de la selva echaron a volar.

—¡P'pa Bia, al menos podrías reírte menos fuerte!

—¡Por favor! ¡A la hora de la siesta ¡Qué cosa!

Toda la selva protestaba.

—¡M'ma Bia, ya está, mira, está completamente curado!

P'pa Bia sostenía a África en sus manos, mostrándoselo a una viejita que salía del espesor de los árboles.

—No hace falta hacer todo ese escándalo, P'pa Bia, ya veo que está curado.

África abrió sus grandes ojos redondos. La vieja estaba acompañada por un gigantesco gorila negro de cráneo puntiagudo. Él llevaba una gran provisión de papayas rosadas, que son la mejor fruta y el mejor remedio.

—Es extraño —dijo el gorila—, P'pa Bia nunca ha podido meterse en la cabeza que tú los curas a todos.

—Cállate, bestia gorda —respondió M'ma Bia—. Es para darme gusto que él hace como si estuviera asombrado.

—¡Ah!, bueno.... —dijo el gorila.

IX

La casa de P'pa y M'ma Bia se sostenía sobre sus cuatro patas en todo el medio de un claro verde, absolutamente verde.

—¿Para qué son los pilotes? —preguntó África.

—Para que las serpientes no nos hagan visita, mi pequeño.

Alrededor, estaba la muralla vegetal de la

selva, tan alta que uno creería estar en el fondo de un pozo de hierba.

P'pa y M'ma Bia cuidaron a África y lo alimentaron. No le hicieron ninguna pregunta. No lo obligaron a trabajar.

En el día, ellos se ocupaban del claro y de los árboles. Por la noche, discutían. Habían vivido mucho. Conocían a todos los hombres y todos los animales del África verde. Tenían hijos y primos por todas partes, en las tres Áfricas y en el otro mundo.

—¿El otro mundo? ¿Qué es eso?

P'pa Bia abría la boca para responder a la pregunta que África acababa de hacer, cuando un gran estruendo de ramas quebradas y de hojas aplastadas lo interrumpió. El ruido no se sintió muy cerca, pero el árbol que acababa de derrumbarse era tan grande que toda la selva debió haber escuchado su caída. Luego hubo un largo silencio, y P'pa Bia dijo:

—¿El otro mundo? Probablemente pronto estaremos en el otro mundo...

—Cállate —dijo M'ma Bia—, no metas ideas semejantes en la cabeza de este pequeño.

Sin que ellos se lo hubieran pedido, África se había puesto a ayudar a P'pa y

M'ma Bia en su trabajo. Él iba con ellos a recolectar las frutas de la selva, y, cada sábado, los tres iban al mercado de la pequeña ciudad vecina. P'pa Bia, quien era un buen comerciante, vendía las frutas con fuertes gritos. También venían a consultar a M'ma Bia, quien curaba casi todo sin gran esfuerzo. Pero rápidamente, el más conocido fue África.

Apenas terminaba el mercado, todo el mundo se reunía alrededor de él.

—Él cuenta bien, ¿no?

—¿No es cierto que cuenta bien?

—¡Claro que sí, él cuenta bien!

—¿Y la tuya, tu historia, la de tu vida, sí nos la contaras?

El día que M'ma Bia hizo esta pregunta, estaba lloviendo.

¡Y qué lluvia! Un momento para contar su vida. P'pa y M'ma Bia escuchaban a África mientras sacudían gravemente la cabeza.

—Entonces, ¿tú no tienes papá? —preguntó P'pá Bia cuando África terminó de hablar.

—No, no tengo papá.

—¿Y tampoco mamá? ¿Ah? —preguntó M'má Bia.

—No, tampoco mamá.

Hubo un silencio incómodo, pues los tres acababan de tener la misma idea al mismo tiempo.

Y así fue como él se convirtió en África N'Bia, último hijo de P'pa y M'ma Bia, que tenían catorce antes de él, hoy dispersos en todas las Áfricas y sobre todas las tierras del otro mundo.

X

Sí, pero, al pasar los años, se tumbaban cada vez más árboles. La selva se despoblaba. La frente de P'pa Bia se arrugaba.

—No te preocupes, eso acabará algún día.

Sin embargo, M'ma Bia sabía que eso no acabaría.

En la época de las lluvias, los árboles cortados eran lanzados a las ciénagas (los ríos del África verde) que corrían hacia el mar. Un día en que África y el gorila, sentados al borde del río, miraban pasar los troncos sin corteza, el gorila lanzó un gran suspiro:

—No habrá más de ésos por mucho tiempo.

Para hacerlo cambiar de tema, África preguntó:

—¿Sabes que tienes un primo en el África gris?

—¿Un pequeño gordo de cráneo aplastado, en la sabana? Sí, ya lo sé —respondió distraídamente el gorila.

Silencio. Y, en el silencio, el ruido monótono de las hachas.

—¿ Pero al final, esos árboles, a dónde van? —preguntó África.

El gorila continuaba mirando fijamente el río:

—¿A dónde quieres que vayan? ¡Al otro mundo, naturalmente!

Y agregó, como para sí mismo:

—¡Tengo que tomar una decisión, no hay nada más que decir, tengo que decidirme!

—Yo también —dijo una extraña voz, muy cerca de ellos.

Era una voz profunda y pálida, una voz casi muda.

—¿Eso en qué puede afectarte a ti? —preguntó el gorila—. ¡Tú no vives en los árboles!

—Justamente—explicó el cocodrilo—, yo vivo en el agua, pero los árboles están ahora allí.

P'pa Bia también tomó una decisión:

—Bueno —dijo— nos vamos.

—¿Por qué? —preguntó África.

P'pa Bia lo condujo a los linderos de la selva, le mostró aquella extensión de tierra seca y resquebrajada que África había atravesado en camión (noches y días interminables...).

—Mira —dijo P'pa Bia—, hace no mucho tiempo la selva se extendía hasta el horizonte. Hoy, han tumbado todos los árboles, ya no llueve más. Ves, nada crece. La tierra es tan dura que los perros ya no pueden ni siquiera enterrar sus huesos.

De pronto, P'pa Bia apuntó con su dedo delante de él.

—Mira.

África siguió el dedo y vio una pequeña cosa negra, brillante y furiosa, que avanzaba obstinadamente hacia la selva, llevando un cuchillo doblado bajo la cabeza.

—¡Ni siquiera el escorpión negro soporta esta sequedad!

P'pa Bia se calló. Un soplo de aire hirviente levantó una nube de polvo.

—En esto es en lo que se convertirá nuestro claro...

Ellos tenían los labios secos.

—Bueno —dijo P'pa Bia—, nos vamos.

4

EL OTRO MUNDO

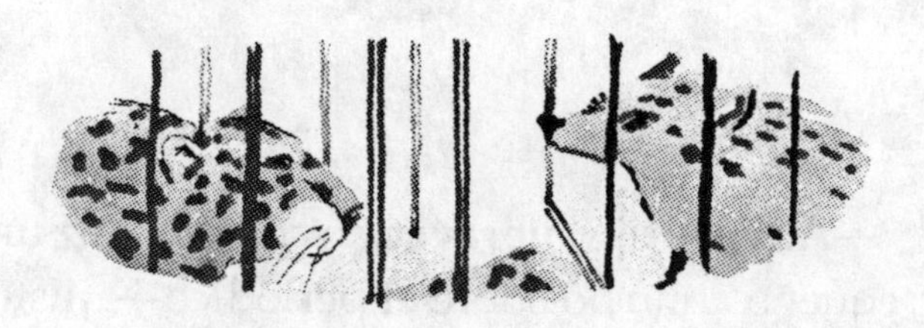

I

Así fue como P'pa Bia, M'ma Bia y su hijo África llegaron, aquí, donde nosotros, al otro mundo. Ellos tenían un primo en nuestra ciudad. El primo abrió el periódico y ayudó a P'pa Bia a buscar trabajo. P'pa Bia habría hecho cualquier cosa, pero el periódico decía que no había casi nada para hacer.

—No te preocupes —decía M'ma Bia—, ya encontraremos algo.

Y un día, en efecto, el primo encontró algo.

—Aquí —dijo subrayando con un lápiz un pequeño anuncio sobre el periódico—. ¡Esto es lo que necesitas!

Y P'pa Bia fue contratado por el zoológico municipal, sección "Mantenimiento del invernadero tropical".

—¿Qué es el "invernadero tropical"? —había preguntado él.

—Una especie de jaula de vidrio, donde encierran los árboles de nuestras tierras —había respondido el primo.

Los árboles estaban casi muertos. P'pa Bia los resucitó.

África se acordaría toda su vida del día en que entró al parque zoológico. El no tenía idea de lo que eso podía ser.

—Un parque de animales —había dicho M'ma Bia.

África no veía muy bien cómo se podían plantar animales en un parque. Además, estaba triste. Extrañaba el claro y el África verde. Se sentía como en prisión entre los muros de nuestra ciudad. ¡Y tan solo! Tan solo ...

Pero, apenas hubo atravesado el portal de hierro del parque zoológico, una voz familiar lo detuvo:

—¡Hola, pulga! Entonces, ¿terminaste encontrándome? ¡Eso no me extraña de tí!

Durante algunos segundos, África no pudo decir ni una palabra. Aquello era demasiado hermoso. Se resistía a creer lo que estaba viendo y oyendo.

—¡Cacerolas!

Sí, el dromedario estaba allí, frente a él, parado sobre sus cuatro patas, en todo el centro de una jaula circular.

—¡Cacerolas! ¿Qué estás haciendo aquí?

—Como ves, te esperaba. No he dado un paso desde que Toa me vendió.

—¿Ni un paso?

—Como te lo había prometido. Todo el mundo ha tratado de hacerme caminar, pero nada qué hacer: yo no he puesto un pie delante del otro desde que nos separamos.

África, cuyo corazón prácticamente había dejado de latir, todavía no podía creerlo.

—Pero, ¿cómo hiciste para llegar hasta aquí?

Cacerolas se rió solapadamente:

—¿Qué quieres que haga un comprador con un camello paralítico?

África se sobresaltó:

—¡Pudiste haberte hecho golpear!

—¡Pero no, mi comprador prefirió venderme de nuevo!

—¿A quién?

—¿Qué importa? A otro comprador... que me revendió a su vez.

—¿Y entonces?

—Y entonces de comprador en comprador, terminé por dar con el proveedor del zoológico. Él buscaba exactamente un dromedario inmóvil. Pagó muy caro por mí.

Otra risa solapada.

—¡He viajado mucho para llegar hasta aquí, en barco, en tren, en camión, incluso en grúa! (Con una grúa me pusieron en mitad de la jaula). ¡Ni un solo paso sin ti, pulga! ¡No he dado ni uno solo!

—Voy a llorar —dijo África—. ¡Ya ves, voy a llorar!

—¡Mientras tanto, yo voy a poder desentumecer mis patas! —exclamó Cacerolas. Y de pronto se puso a saltar, a galopar a toda velocidad a lo largo de su jaula; luego se revolcó en el polvo y, en equilibrio sobre su joroba, se puso a girar como un trompo, con las patas al aire, riendo como loco.

De jaula en jaula, la risa loca se propagó a todos los animales, Y agarró a África también. El animal que reía más fuerte exclamó:

—¡Eh!, drome, ¿te crees una paloma de Abisinia, o qué?

"Esa risa —pensó África—. ¡Yo conozco esa risa!"

A diez metros de él, detrás de unos gruesos barrotes de hierro, la hiena del África gris se reía más fuerte que todo el mundo. Luego, dirigiéndose al animal de la jaula del lado, dijo:

—Y entonces, "lágrimas", ¿tú no te ríes? ¡Mira al drome!

—¡No tengo tiempo para divertirme —dijo una voz que África reconoció instantáneamente—. ¡Yo soy el pastor, yo vigilo la cabra!

Y la voz (¡qué triste era !) agregó:

—¡Además, si tú la hubieras vigilado mejor, no estaríamos aquí!

—¡Hice todo lo que pude! —protestó la hiena, ¡tú no eres mejor pastor que yo!

África, quien se había precipitado hacia el lugar de la disputa, se detuvo en seco, respiró profundamente, y murmuró:

—Buenos días, guepardo, ¿es a ti a quien

ella llama "lágrimas"? No estés más triste, ahora yo estoy aquí...

—Buenos días, pastor, yo no estoy triste, estoy un poco cansado. Es que he vigilado a la paloma noche y día desde que los cazadores de bestias vivas los capturaron, a ella y a *eso*.

África le sonrió a la hiena, que pareció sentirse incómoda:

—Yo hice todo lo que pude, África, te lo aseguro, pero me tendieron una trampa de carne; tú me conoces, difícil de resistir...

—Yo —dijo el guepardo—, yo me hice atrapar intencionalmente, para no abandonar a la paloma. Mírala, es hermosa, ¿no?

Con un movimiento de cabeza, el guepardo señaló una jaula, a diez metros de allí, donde la paloma de Abisinia caracoleaba alegremente en honor de África.

—¡Yo no le quité los ojos de encima ni un segundo —repitió el guepardo—, día y noche! Finalmente tú estas aquí, yo voy a poder descansar...

Y se durmió inmediatamente.

Todos. África los encontró a todos en el parque zoológico del otro mundo. También al gorila gris de las sabanas y a su primo de las selvas.

—¿Qué querías? ¡Ellos se llevaban mis árboles, yo decidí hacerme atrapar también! Pero mira cómo son: ellos tienen mis árboles en una jaula y a mí en otra...

El viejo león del África gris, el cocodrilo de las ciénagas, el loro azul de pico rojo, y, alzando su cuchillo detrás del vidrio luminoso de un acuario, el furioso pequeño escorpión negro que huía de la sequedad. ¡Incluso Toa el mercader! Ahora vendía helados. Pero él siempre era el mismo: se enredaba los dedos entre la barba con calma y pasaba su tiempo diciendo:

—¡Ah! ¡El otro mundo! ¡Tú hablas de otro mundo!

Sí, África conocía a todos los habitantes del parque zoológico. A todos excepto a uno.

II

— A todos excepto a mí, ¿no?

Ahora es primavera. El lobo y el niño están todavía el uno frente al otro.

—Sí, Lobo Azul. Y tú me parecías tan solo, tan triste...

"¡Curioso niño —se dijo el lobo—, curioso hombre! Me pregunto qué habría pensado Llama Negra de él".

Pero lo que el lobo ve en el ojo del niño es aún más sorprendente que el resto...

Es de noche; P'pa y M'ma Bia están parados en su cocina. África está sentado en frente de ellos, en un banco. Un bombillo amarillo cuelga del techo. M'ma Bia está inclinada sobre la cabeza del muchacho, que sostiene entre sus manos. El niño sólo tiene un ojo abierto. El otro está cerrado desde hace meses. Incluso en la mañana, cuando se despierta, África no abre sino un solo ojo.

M'ma Bia sacude tristemente la cabeza.

—No —murmura ella—, no creo que lo cure, esta vez...

P'pa Bia se rasca el mentón, que no ha rasurado.

—¿Podríamos de pronto intentar con el doctor?

Lo intentaron. El doctor le recetó unas gotas. Las pestañas de África se pusieron pegajosas. Pareciera como si llorara de la mañana a la noche. Pero el ojo no se abría. Volvieron donde el doctor. Era un doctor honesto:

—No entiendo nada de esto —dijo.

—Yo tampoco —respondió M'ma Bia.

"Yo lo entiendo muy bien", piensa Lobo Azul.

M'ma Bia está inclinada sobre el muchacho en la cocina, y también P'pa Bia que ya no duerme en las noches. Lobo Azul está muy desconsolado.

¡Y este niño que continúa mirándolo con su único ojo!

Lobo Azul sacude muchas veces la cabeza y termina por preguntar:

—¿Cómo adivinaste?

Silencio. Nada más que una ligera sonrisa en los labios del niño.

—¡A pesar de todo, a pesar de todo, yo me había jurado mantenerlo cerrado, este ojo...!

La verdad es que detrás de su párpado cerrado, el ojo del lobo se había curado hacía mucho tiempo. Pero ese zoológico, esos animales tan tristes, esos visitantes...

—¡Bah! —se dijo el lobo—, un solo ojo basta para ver eso.

—¡Sí, Lobo Azul, pero ahora yo estoy aquí!

Era verdad. Ahora está ese niño. A los animales de África él les contó sobre el Gran Norte. A Lobo Azul, le contó sobre las tres

Áfricas. Y todos se pusieron a soñar, ¡incluso cuando no dormían!

Lobo Azul mira, por primera vez, sobre el hombro del muchacho, y ve, *ve claramente*, a Lentejuela y al guepardo, divirtiéndose en medio del zoológico, en el polvo de oro del Sahara.

Perdiz se reúne con ellos, y los pelirrojos también . Se ponen a bailar alrededor del dromedario-trompo. P'pa Bia abre las puertas del invernadero, los bellos árboles del África verde invaden los senderos. Sobre la rama más alta —de centinelas—Primo gris y el gorila de la selva están sentados uno al lado del otro.

Y los visitantes no notan nada...

Y el director del zoológico continúa su ronda...

Y Toa el mercader, corre a toda velocidad, seguido por el escorpión furioso...

Y los niños se preguntan por qué la hiena se ríe tan fuerte...

Y Llama Negra, acaba de sentarse al lado del muchacho, en frente de Lobo Azul.

Y la nieve cae sobre todo aquello (¡en plena primavera!), la bella nieve muda de Alaska, que recubre todo, y guarda secretos...

"Evidentemente —piensa Lobo Azul—,

evidentemente, esto merece ser visto con los dos ojos".

¡Clic! Hace el párpado del lobo al abrirse.

¡Clic! Hace el párpado del niño al abrirse también.

—No comprendo nada de esto —dirá el veterinario.

—Yo tampoco —dirá el doctor.